AF253511

LE

CHARLATANISME RÉVOLUTIONNAIRE

DÉMASQUÉ.

LE
CHARLATANISME RÉVOLUTIONNAIRE
DÉMASQUÉ,

SUIVI DE

LA CONSTITUTION SOCIALISTE.

Par Henri DULAC.

Prix : 50 Centimes.

BÉZIERS,

Imprimerie de Mlle Paul, Libraire.

1850

PROPRIÉTÉ DE L'AUTEUR.

AVANT PROPOS.

Un de nos plus illustres orateurs a dit à la tribune nationale : « Il n'y a pas de milieu, il faut « choisir entre le socialisme et le catéchisme ; si « vous enlevez au peuple la foi au catéchisme, il « courra se jeter dans le socialisme. Le catéchisme « rendra le peuple gouvernable, et aujourd'hui il « ne l'est pas. » *Paroles d'un sens profond que les hommes d'État ne sauraient trop méditer, car dans ce dilemme il y a une question de vie ou de mort.*

(Extrait du journal *La Propriété*, *courrier de Beziers*, le 27 janvier 1850.)

Ce journal, sous la même date, présente aux lecteurs l'article suivant : « M. Henri Dulac se pro- « pose de publier, par souscription, un ouvrage « intitulé : le CHARLATANISME RÉVOLUTIONNAIRE DÉ- « MASQUÉ. L'auteur examine successivement dans « cet écrit les théories socialistes et communistes « dont il démontre tout à la fois l'odieux et le ridi- « cule. Aux maux de la société, il oppose les en- « seignements et la pratique du christianisme ; c'est, « en effet, le seul baume qui cicatrisera toutes nos « plaies. »

C'est donc le parallèle entre le socialisme et le catéchisme que l'auteur présente dans cet ouvrage, qui consiste dans six chapitres. Le premier traite du communisme ; le second, du socialisme ; le troisième, du fouriérisme ; le quatrième, de la philosophie du XVIIIme siècle ; le cinquième leur oppose la religion ; le sixième traite des principaux moyens pour rendre au peuple *la foi au catéchisme*, et le rendre *gouvernable aujourd'hui*.

Une bonne loi sur l'enseignement, dit l'auteur, pourra inspirer des principes religieux à la génération future, mais la génération actuelle doit en même temps fixer l'attention du gouvernement et de tous les hommes d'ordre.

Démocrate par les dogmes, source de la *charité chrétienne*, la seule qui soit sans faste, aristocrate par ses principes qui ordonnent le respect pour tout ce qui appartient à autrui, la religion seule peut concilier l'aristocratie et la démocratie. Le triomphe exclusif d'un de ces deux principes entraînerait la ruine de tous les deux en même temps.

On en trouve la preuve dans le résultat de la menace seule du règne exclusif de la démocratie, qui, enlevant la confiance dans l'avenir, a suspendu les opérations commerciales qui ne vivent que dans la certitude d'une tranquillité future inaltérable. De la sécurité du commerce dépend la prospérité d'une nation.

Peuples, le seul moyen de rétablir la confiance, d'avoir le bonheur actuel aussi grand qu'il soit possible pour le corps, et de plus, l'espoir d'un bonheur éternel pour l'âme, est un retour sincère vers le catéchisme qui prescrit la charité et défend l'orgueil et la paresse, véritables sources de la misère.

CHAPITRE PREMIER.

DU COMMUNISME.

Sous le nom de communisme, une secte demande que toutes les nations, s'emparant des fruits des travaux antérieurs de chacun de ses membres, les mettent en communauté. Ce résultat obtenu, cette secte détruit tout ce qui existe pour adopter des maisons, des vêtements, et des aliments qui seraient les mêmes pour tous les hommes.

Quelle admirable variété dans les comestibles ! Quelle variété dans les goûts particuliers ! Il serait donc impossible et injuste d'imposer à tous les hommes le même aliment.

Dans les communautés partielles, c'est par le choix des comestibles que chaque membre peut recevoir une portion ; mais il serait impraticable de donner une égale portion à une communauté générale. (1)

Produites par la nature et les efforts de l'industrie humaine, des étoffes d'un tissu différent et de couleurs variées se présentent à nos regards. Par l'adoption exclusive d'un costume pour tous, tous les produits des inventions progressistes seraient

---

(1) Cabet veut sans cesse assimiler les communautés partielles qui existent à une communauté générale qu'il voudrait établir. Le pourvoyeur d'une communauté partielle, choisit au marché un comestible qui puisse suffire pour donner une portion égale à tout ceux qui en font parti. Le pourvoyeur d'une communauté générale, ne trouverait rien qui pût donner un pareil résultat et sans lequel il n'y a point de communauté. La nature en produisant à la fois, du gibier, de la volaille, du bœuf, du poisson, des légumes, etc., a frappé d'interdiction le système de Cabet. Quelle dérision de présenter aux hommes une théorie que la vue seule du marché d'une ville rend entièrement impossible dans la pratique !

anéantis : quel bouleversement pour effectuer un changement quelconque dans un costume adopté exclusivement par une nation entière.

Malgré que les maisons et les jardins , dans les nouvelles villes que veut construire Cabet fussent bâties et ornées d'après un plan uniforme, les maisons situées dans le centre ou aux extrémités des villes, n'auraient jamais une égale valeur. L'égalité entre plusieurs objets très facile dans un livre, sera toujours impraticable dans la nature.

L'exécution d'un pareil système serait donc l'anéantissement de toutes les industries progressistes, s'il n'était pas absolument impraticable.

CHAPITRE SECOND.

DU SOCIALISME.

Sous la dénomination de socialisme, une secte veut s'emparer de tous les biens , et se proclame directrice de toutes les industries, qu'elle constitue suivant un système d'association dans laquelle chaque employé recevrait une portion de bénéfice.

Que ferait cette secte qui parle exclusivement de bénéfices à partager , ce qui serait facile , si une entreprise éprouvait des faillites , des incendies , des inondations, des sécheresses , des grêles , des naufrages etc. L'homme le moins intelligent comprendra qu'il est impossible qu'il fût associé pour partager les profits et nullement pour les pertes. (1)

A des conditions pareilles , dont l'équité est incontestable , une immense quantité d'ouvriers, de

______

(1) Dans tous les livres de commerce , il existe un compte, intitulé : Profits et Pertes. S'il veut effacer le mot *Perte*, que fera le socialisme contre un naufrage ou une grêle ?

paysans etc. préféreront toujours une journée fixe sans courir aucune chance désastreuse à une journée qui pourrait devenir plus considérable ou nulle.

Que gagneraient en réalité les socialistes, en obtenant ce qu'ils appellent le droit au travail. S'il existe du travail, les ouvriers n'ont pas besoin d'un droit pour l'obtenir ; s'il n'en existe pas pour tous, un droit ne peut pas en créer. Le droit au travail, n'est donc que ridicule, à moins que la demande réelle ne soit le droit à la paresse salariée. Une sanction légale de ce principe serait la destruction de la société et des véritables travailleurs.

Si le socialisme dans le but de donner du travail à tous les ouvriers fesait confectionner une quantité d'objets supérieure à la consommation, ces produits surabondants deviendraient la source d'un encombrement futur, et la cessation du travail ne serait que prorogée de quelques jours.

Ce n'est que par la balance indispensable, entre la création d'un nombre d'ouvriers suffisants pour la production, qui doit être proportionnée à la vente que le seul véritable droit au travail existera, sans avoir besoin d'une loi qui ne peut en créer.

De la consommation ou vente dépendra toujours le sort de ceux qui font travailler et de ceux qui travaillent. Ce ne seront pas les principes socialistes, source de troubles, dont le résultat serait le décès ou le départ de tous les hommes opulents indigènes ou étrangers, qui feront augmenter le chiffre des ventes. C'est au sein de la sécurité qui peut seule produire la confiance que la consommation augmentera toujours.

Mourir en combattant, ou du pain en travaillant : telle est une devise qui a paru de nos jours. Mourir en combattant est facile. Le peuple français ne peut jamais être accusé de *couardise* ; mais suffit-il de ne pas être un *couard* ? il faut encore que le but du combat soit du pain en travaillant. Les coupables français qui veulent mourir en combattant contre des français , sont assurés ou de mourir dans le combat, ou de mourir de misère faute de travail et de pain même après leur victoire.

Après chaque lutte il a fallu que le pouvoir donnât du pain aux ouvriers sans travail , le combat ne leur avait donc pas donné du pain en travaillant.

Cela me rappelle une anecdote peu connue. Après une émeute , un insurgé s'approcha d'un homme qu'il venait de renverser d'un coup de feu. Un dernier sentiment d'humanité l'engagea à se baisser pour voir s'il respirait encore afin de lui donner des secours. A peine eut-il reconnu le cadavre qu'il venait de faire qu'il s'écria en pleurant : « Ah ! mes « enfants, mes chers enfants, qu'allez-vous deve- « nir ; j'ai tué là ma meilleure pratique. » Si chaque insurgé réfléchissait qu'il va peut-être tuer celui qui donne *du pain en travaillant* à sa famille , aucune balle destinée à un français n'entrerait dans un canon de fusil.

Chaque émeute en fesant fuir ou en égorgeant tous ceux qui donnent le travail , est la source de la ruine des travailleurs. Les paresseux n'ont pas de *pratiques* , ils ne risquent *rien.* Hasarder de *mourir en combattant* est logique pour eux , ils ne veulent pas *du pain en travaillant.*

Quel bénéfice personnel pourraient avoir les riches dans la misère des ouvriers, des paysans ? Ce sont ces derniers, qui ne possèdent pas, qui achètent les produits des propriétés. De la misère ou de la richesse des acheteurs dépend nécessairement le prix plus ou moins élevé de la vente par l'effet de la concurrence. Un intérêt bien entendu suffit donc pour faire désirer aux riches la richesse parmi les pauvres , afin de leur vendre les produits d'une manière avantageuse.

Dans les riches , les pauvres voient ceux qui leur donnent du travail ; dans les pauvres , les riches voient leurs acheteurs. Ils sont donc intéressés à la prospérité les uns des autres. Que devient , dès-lors, la prétendue exploitation de l'homme par l'homme : c'est une phrase sortie de la bouche de ceux qui voudraient exploiter, au profit de leur ambition personnelle, la misère qui est le fruit de leurs pernicieuses doctrines qui enlèvent toute confiance dans l'avenir.

Par un impôt progressif, disent les socialistes, nous atteindrons les riches et non les pauvres.

Quel serait le résultat de la réduction de tous les riches au simple nécessaire ? N'ayant pas de superflu, ils renonceraient à acheter des superfluités, à secourir les pauvres, etc. Mais d'où proviennent ces superfluités ? Evidemment, du travail des pauvres. Un impôt progressif, en feignant de n'atteindre que les riches, atteint le pauvre dans son nécessaire, dans son travail.

Comment, au contraire, pourrait-on faire payer un impôt à celui qui ne posséderait *rien* ? Evidemment, sur le produit de son travail. Par qui est payé le travail ? Par les riches. C'est donc sur les riches que retombent tous les impôts sur le travail des pauvres.

Malgré les détours du socialisme, l'homme opulent et pauvre seront toujours en réalité solidaires pour tous les impôts sans exception.

CHAPITRE TROISIÈME.

DU FOURIÉRISME.

Sous la dénomination de Fouriérisme, une secte demande que toutes les nations remplacent par des phalanstères toutes les maisons construites jusqu'à ce jour. Chaque phalanstère renfermerait dix-huit cents habitants recevant une éducation commune.

Presque toujours, un nombre moins considérable que celui de dix-huit cents personnes a servi de noyau primitif à ces agglomérations immenses qu'une position heureuse, industrielle ou commerçante a produit à la suite des siècles et que le Fouriérisme veut détruire en un jour.

Dans des positions pareilles à celles de Marseille, Lyon, Toulouse, Bordeaux, Rouen, Paris, etc., quelle ressource pourrait offrir un phalanstère de dix-huit cents habitants? La construction de plusieurs phalanstères sur un même point renverserait tout le système et le réduirait à un changement d'architecture. Des sommes immenses ne suffiraient pas pour une innovation pareille. Le résultat serait de donner aux hommes un logement différent de celui qu'ils possèdent.

En disant à tous les architectes passés, présents et sans doute futurs, que la seule habitation digne de l'espèce humaine est le phalanstère, l'architecte Fourier a présenté un modèle de cet orgueil révolutionnaire qui veut tout détruire pour reconstruire.

Après avoir reçu une éducation uniforme, les fouriéristes embrasseront des états différents, exécuteront des travaux opposés. Une habitude contractée dès l'enfance peut seule rendre un homme assez robuste pour supporter un grand nombre de travaux indispensables pour la conservation de l'espèce humaine. A la suite d'une éducation pareille, ceux qui seraient forcés de se livrer à des occupations pénibles périraient presque tous par des maladies ou des chutes inévitables, faute d'habitude de travailler sur des échafaudages.

Entraînés par l'attraction du travail, disent les fouriéristes, les hommes travailleront avec une ardeur que l'on aura beaucoup de peine à réprimer. Malgré le charlatanisme fouriériste, l'attraction pour la paresse, innée dans l'espèce humaine, offrira toujours pour le combattre de grandes difficultés qui ne seront pas surmontées par l'attraction nouvelle qu'ils veulent créer sans être créateurs. L'homme fouriériste ou non sera toujours naturellement paresseux.

La nature socialiste veut : polygamie, cumul d'amour, hautes fonctions d'amour. La famille pour le communisme est un tissu de discorde, une source de corruption ; à la femme *il faut* un époux, un géniteur, un favori. (Fourier.)

Mahomet accorde aux hommes la polygamie avec un sérail de femmes esclaves, prisonnieres à perpétuité, sous la garde des eunuques : Fourier, progressiste, veut octroyer aux femmes les droits des musulmans. A l'imitation du chef de l'islamisme, qui n'a trouvé que ce moyen pour accorder exclusivement plusieurs femmes à un seul homme, Fourier enfermera-t-il à perpétuité, dans un sérail, le mari, le géniteur, le favori pour en assurer la possession exclusive à la femme fouriériste, à laquelle *il faut* trois hommes pour lui enlever toute source de corruption !

CHAPITRE QUATRIEME.

DE LA PHILOSOPHIE DU XVIIIme SIÈCLE.

Dans le cours du XVIIIme siècle, des écrivains, prenant le masque de la philosophie, ont attaqué tous les principes fondamentaux de la société. C'est à cette source que s'alimente le torrent révolutionnaire athée, soit qu'il prenne le titre de communisme, de socialisme, de fouriérisme, etc.

Un des chefs de cette secte philosophique, J.-J. Rousseau, a écrit ces mots évidemment communistes : « vous êtes perdus si vous oubliez que les fruits sont à tous et la terre à personne. »

Comment Rousseau peut-il faire une distinction

pareille entre la terre et les fruits ? quel est l'homme qui consentirait à être propriétaire, à supporter les charges d'une terre, si l'espoir d'en retirer des produits n'excitait sa convoitise.

Si, comme le demande le philosophe Genevois dans son paradoxe, la terre n'était à personne, tout travail, toute semence qui sont des avances faites par chaque homme à sa propriété personnelle cesseraient immédiatement.

A peine les fruits devenus sauvages par ce résultat commenceraient-ils à murir, que chaque homme, pour qu'ils ne fussent pas cueillis par les autres s'empresserait de les prévenir. Les fruits sauvages, restés seuls, cueillis avant leur maturité, seraient perdus et nuisibles à l'espèce humaine.

Par l'exécution, impraticable d'ailleurs de la maxime de Rousseau, une famine universelle produirait la destruction de l'espèce humaine.

On trouve dans les écrits de Babœuf et Cabet etc. « Il ne s'agirait que de faire entendre à la majorité « lésée que le communisme serait assez parfait pour « que personne ne manquât du nécessaire, ni de « l'utile, ni même de l'agréable. » (1)

Cette promesse sans garantie contient tout le charlatanisme révolutionnaire.

En quels objets devra consister cet agréable dont personne ne manquerait ? La réalité sera-t-elle l'exécution de cette parole hideuse de Robespierre.

« La génération qui a vu l'ancien gouvernement « le regrettera toujours, ainsi tout individu qui « avait plus de quinze ans en 1789 doit *périr*. »

Quel devait être ce *nouveau* régime assez épouvantable, pour exciter des regrets de l'ancien dans le cœur du plus misérable de tous les français ? Pourrait-il exister aujourd'hui un français assez in-

---

(1) Dans quel but peut-on promettre le nécessaire puisque l'on promet l'agréable ? il est évident que celui qui aurait le second aurait certainement le premier.

sensé pour regretter Robespierre !........ et son régime......

Nous voulons , disent les communistes avec Cabet , être les héritiers , non les bourreaux des propriétaires.

« En allant au combat , pensez à vos ancêtres et
à vos descendants. » Telle est dans son énergique
simplicité , la harangue la plus sublime que l'on ait
adressé à des combattants. Tous les hommes sans
exception représentent en eux-mêmes , tous leurs
ancêtres et tous leurs descendants. Quelle atroce injustice d'enlever à leur prospérité , les produits de
leur industrie , ou de celle de leurs ancêtres , pour
en gratifier des hommes qui ne possèdent aucun
droit sur ces biens !

Il existe encore un autre motif , s'il en était besoin
en faveur de l'hérédité. Aucune amélioration progressiste ne serait l'ouvrage d'un simple usufruitier.
Il ne sacrifierait pas le présent à l'avenir , s'il n'avait
la certitude d'en jouir lui-même ou ses descendants.
L'abolition de l'hérédité entretenait l'anéantissement
de toute industrie progressiste.

Les philosophes et Cabet leur copiste ont écrit
que celui qui ne possède pas sa part de biens , con-
serve un droit imprescriptible contre celui qui possède.

Malgré la pauvreté des vendeurs qui ne *possèdent*
plus et qui ont absorbé le prix de la vente volon-
taire , ils ne peuvent conserver *un droit imprescriptible* contre les acheteurs *qui possèdent* , et que leurs
possessions qu'ils ont payé placent dans l'opulence.

Ce n'est qu'une vente ancienne ou moderne , ou
une prescription qui la remplace , parce qu'elle la
suppose , qui servent de base à toutes les possessions.

Que deviendrait une société qui permettrait à un
homme de dire à un autre : « Je vous ai vendu ,
« vous m'avez payé , je ne possède plus ; en vertu
« d'un droit imprescriptible, partageons. Je vous
« vendrai de nouveau , bien assuré de conserver

« toujours un même droit contre la prescription. »

Un partage que l'on demanderait aujourd'hui ne serait que l'exécution de cette infame hypothèse. Combien de propriétés que l'on voudrait partager aujourd'hui auraient été vendues antérieurement par les partageux ou leurs ancêtres.

Dans toutes les contrées que le christianisme n'a pas éclairé de son éclatante lumière, en proclamant la vente des animaux, les lois de l'espèce humaine ont établi avec justice peut-être, l'esclavage ou la vente de l'homme dont la valeur avait été fixée par un traité.

En donnant à l'homme une valeur supérieure au paiement, le christianisme a aboli l'esclavage. « Que « vous servirait de gagner l'univers entier, si vous « veniez à perdre votre âme ; » a dit Jésus-Christ. Pour payer l'âme d'un seul homme l'univers entier serait donc insuffisant, l'âme chétienne est invendable ; (1) l'âme ne peut être esclave.

Il faut à toutes les sectes des esclaves pour exécuter avec une entière abnégation d'eux-mêmes, tous les crimes qui pourraient être nécessaires pour assouvir toutes les passions de leurs maîtres. Ne pouvant acheter au prix de l'univers entier l'âme libre d'un chrétien et la rendre esclave, les sectes philosophiques voudraient pouvoir l'anéantir par un athéisme matériel fondé sur les ruines de la religion.

CHAPITRE CINQUIEME.

DE LA RELIGION.

Dans les écrits de Voltaire se trouve ce passage remarquable : « Une société d'athées qui ne se dis-

(1) Cette expression qui n'est pas française, ne peut être employée que pour l'âme.

« putent rien peut durer quelque temps sans trou-
« ble ; mais si le monde était gouverné par des
« athées, il vaudrait autant être sous le joug im-
« médiat de ces êtres informes qu'on nous peint
« acharnés contre leurs victimes. »

De quels sentiments aurait été agité le philosophe
de Ferney s'il avait fait la supposition d'une société
gouvernée par des athées qui, pour assouvir leur
mauvaises passions, auraient rendu athées ceux
qu'ils gouvernent. Peut-il exister une sanction plus
énergique de la prévision de Voltaire que le gouvernement de 93, que l'on nous menace aujourd'hui
de surpasser. Il n'existe, même d'après l'opinion
d'un philosophe du XVIIIme siècle, d'autre moyen
pour l'éviter que celui de détruire l'athéisme dans
le cœur des gouvernants et des gouvernés.

Ce n'est pas lorsque la tempête gronde et menace
de les engloutir que les matelots se montrent
athées, leurs vœux sont toujours alors tournés vers
Dieu, leur seul refuge tutélaire. A leur exemple, les
pauvres qui souffrent seraient naturellement religieux, si les discours et les exemples de ceux qui veulent leur enlever la religion pour les rendre esclaves
en corps et en *âme*, ne combattaient leur croyance.

Enseigner aux hommes qu'aucun bonheur ne peut
énivrer, qu'aucun malheur ne doit abattre l'âme
de celui qui a l'idée de l'infini, est un des plus grands
bienfaits du christianisme.

Napoléon en offre un exemple remarquable.

Napoléon athée, lieutenant d'artillerie et presque sans gradation, Empereur des Français et Roi
d'Italie aurait été énivré de sa puissance.

Le même homme, prisonnier des anglais, relé-
gué sur le rocher brûlant de Ste-Hélène, privé de la
première de toutes les nécessités de la vie, privé
d'*air* nécessaire pour lui (1), en sortant des Tuileries

___

(1) Personne n'ignore que l'air de Ste-Hélène était mortel
pour Napoléon.

et du sein de sa famille aurait été accablé de son infortune.

Mais Napoléon qui avait rétabli le culte du vrai Dieu (1), plaçait les immortels lauriers qui surchargeaient son front et toutes ses souffrances au pied de la croix du sauveur des hommes.

Quel est celui qui peut dire : « Dieu m'a octroyé » un bonheur plus excessif, des malheurs plus » atroces qu'à l'Empereur Napoléon. » La croix, seul refuge de vicissitudes pareilles, doit avoir bien plus de puissance pour les peines ordinaires de la vie.

Rendez aux pauvres qui le désirent dans leur misère l'idée qu'aucun bonheur terrestre n'est le paradis, qu'aucune peine n'est l'enfer, ils cesseront d'envier le bonheur terrestre, s'il existe pour les riches, et d'être accablés de leurs souffrances.

La religion seule peut enlever aux hommes cette passion effrénée des honneurs et des richesses *injustes*, qui, ne pouvant jamais être satisfaite, produit sans cesse de nouveaux bouleversements, dont les auteurs, quand même ils obtiendraient un triomphe éphémère, deviendraient eux-mêmes les victimes.

C'est par une conciliation de tous les hommes politiques au pied de la croix de saint Louis et de Napoléon que toutes les sectes révolutionnaires seraient anéanties pour toujours Cette conciliation serait peut-être accusée d'hypocrisie, les hommes qui reviendraient à la religion seraient peut-être appelés des hypocrites par les athées.

Aux yeux de tous les hommes un voile impénétrable couvrira toujours l'hypocrisie. Les athées ne sont que des hommes. Quel moyen existera-t-il jamais pour connaître si celui qui exprime le repentir des actes coupables est hypocrite ou repentant?

(1) Tu grandis sans plaisir, tu tombas sans murmure !
Bonaparte; ode de M de Lamartine.

Chrétiens, ne craignez plus que des aveugles vous accusent de fausseté, lorsque vous exprimerez le repentir de vos fautes contre les hommes ou contre Dieu.

Sans vouloir s'arroger les droits de la divinité de lire dans l'intérieur du cœur humain, que les hommes jugent les actes des coupables sans distinction de ceux qui seraient athées ou religieux. Les apparences de la religion ne peuvent rien sans doute contre des actes coupables, mais ne doivent pas être livrées à la raillerie de l'athéisme.

C'est par l'arme du ridicule que l'athéisme obtint les fanfarons du vice sous la régence.

Par la crainte de l'échafaud, il y eut des fanfarons du crime sous la terreur. Que l'excès du bien succéde à l'excès du mal, qu'il y ait enfin des fanfarons de la vertu, que Dieu seul saura distinguer des véritables chrétiens.

« Chose admirable, s'écrie Montesquieu, la re-
» ligion chrétienne qui ne semble avoir d'objet que
» la félicité de l'autre vie, fait encore notre bonheur
» dans celle-ci. » (Esprit des lois, livre 24 chapitre III).

En prêchant l'amour de la pauvreté, partout la religion produit d'abondantes richesses ; Jésus-Christ défend l'égoïsme, et l'égoïste le plus avide ne peut jamais rien inventer de plus avantageux pour lui que l'exécution des préceptes religieux.

Une seule loi de Jésus-Chrit, dans sa divine brié-veté, suffit pour diriger l'espèce humaine toute entière vers le bonheur temporel et éternel comme le dit Montesquieu.

Faites à autrui comme vous voudriez que l'on vous fît. C'est la loi et les prophètes. Telles sont les paroles de Jésus-Christ.

Quel serait le résultat de l'exécution de cette (1)

______

(1) Cette loi place au même niveau le souverain le plus puissant et l'homme qui comme Jésus-Christ, n'a pas une pierre pour reposer sa tête. Les devoirs sont différents, mais l'obligation est la même.

seule loi ? Chaque homme, respectant les droits d'*autrui* comme il voudrait que l'on respectât les siens, recevrait les services de tous en échange de ses services personnels. Quel échange plus égoïste peut-il exister que celui d'échanger les secours d'un seul contre ceux de toutes les populations religieuses. Toutes les sectes socialistes révolutionnaires commençant par violer les droits de tous les autres, de quel droit demanderaient-elles que l'on respectât les leurs ?

Avec la religion, exécutés non-seulement par la force contre laquelle les hommes se montreront toujours plus ou moins rebelles, mais avec zèle et conscience, tous les genres de travaux attendraient la perfection *humaine* progressiste et feraient produire à toutes les industries toutes les richesses qu'elles renferment. Tous les hommes ne seraient pas riches, ce qui est impossible, mais l'augmentation des produits se répandrait sur tous, et la pauvreté perdrait toute son humiliation, puisqu'elle ne serait plus le fruit de la paresse et de l'inconduite, mais de l'absence ou de l'incapacité du travail.

Si tous les hommes voyaient le pouvoir de Dieu dans le pouvoir de leurs semblables, l'obéissance des subordonnés cesserait d'être humiliante et pénible. Si les chefs voyaient la soumission du pauvre Jésus dans celle de leurs semblables, le commandement des chefs cesserait d'être orgueilleux et vexatoire.

Par le triomphe de la religion, prétendent les athées, le clergé pourrait dominer. Ce ne serait pas le clergé, mais le catéchisme qui gouvernerait par les principes qu'il renferme, et qu'aucun prêtre ne peut changer.

Un bon conseil deviendra-t-il pernicieux, parce qu'il émane d'un successeur des apôtres de Jésus-Christ ? Un mauvais deviendra-t-il salutaire parce qu'il sort de la bouche d'un athée ? Non, la prétendue domination du clergé ne peut jamais être nuisible pour de véritables chrétiens qui connaissent le catéchisme. Ce n'est qu'à la suite des principes pernicieux de l'athéisme qu'un mauvais prêtre pourrait être dangereux.

<hr>

CHAPITRE SIXIÈME.

DES PRINCIPAUX MOYENS A EMPLOYER.

Les empereurs romains, assis sur le trône du monde, et recevant les adorations de l'Univers abusé et avili qui les regardait comme des dieux, n'auraient jamais été renversés de leurs autels par quelques chrétiens isolés, si les légions chrétiennes en même temps qu'elles offraient un modèle de bravoure et d'obéissance à toutes les lois de l'empire, n'avaient enfin refusé en masse de brûler un encens insensé devant la statue d'un homme vivant.

Après avoir envahi le monde par les légions, après avoir été rétabli en France par un soldat Empereur, le Christianisme doit peut-être renaître réellement par une armée chrétienne, imitatrice de Napoléon.

Manquait-il de courage ou d'intelligence le César moderne, lorsqu'il avait l'audace, incroyable alors, de relever seul un culte (1) puni de mort comme au premier temps du christianisme.

(1) Quelques hommes ont prétendu que Napoléon n'avait rétabli le culte de Dieu que dans des vues politiques. De quel moyen humain se sont servi ces auteurs pour *lire* dans la pensée de celui qui osa rappeler les prêtres et les émigrés ? Mais alors, si les chefs pour gouverner ont besoin d'un peuple religieux : d'après Voltaire, les peuples ont besoin que *le monde ne soit pas gouverné par des athées.* Une bonne politique humaine des chefs et des peuples suffirait donc pour proscrire l'athéisme pour les gouvernants et les gouvernés.

Napoléon, ambitieux comme Mahomet, était peut-être le seul homme qui eût pu réaliser le rêve infâme d'un Robespierre, dans les girondins de M. de Lamartine, de se faire rendre un culte de son vivant.

Que tous les français sortis de leur égarement, sans craindre les athées qui ne peuvent plus les taxer d'hypocrisie, s'empressent de revenir au culte *libre* de Dieu, s'ils veulent arrêter la réaction du paganisme payen, du culte infâme des vivants, du culte d'un Robespierre, de l'adoration forcée d'une déesse raison *sous peine de mort* (1).

Une bonne loi sur l'enseignement pourra inspirer des principes religieux à la génération future, mais la génération actuelle doit en même temps fixer l'attention du gouvernement et de tous les hommes d'ordre.

Seul, au milieu d'un peuple rendu athée par ses chefs, le clergé ne peut lutter contre la propagande socialiste de l'athéisme. En donnant l'exemple des vertus d'un chrétien, les chefs et les riches par leurs discours et leur conduite doivent engager les hommes à la pratique de tous leurs devoirs envers la société.

Forcés de reconnaître la puissance du nom de Jésus-Christ, les socialistes s'en servent en le dénaturant sous le nom de *Christ* pour le présenter aux hommes abusés comme complice de leurs criminelles tentatives. Présenté sous son aspect véritable non-seulement par les prêtres, mais encore par tous les hommes d'ordre, qu'elle sera l'influence de Jésus-Christ ordonnant toutes les vertus sans exception.

Si les sectes qui abusent de son nom veulent sui-

______

(1) Avril 1794. Un nouveau culte fut créé, et malgré la liberté des cultes tous les français furent obligés, *sous peine de mort*, d'en suivre les cérémonies. Histoire de France par M. L ... G..., revue par M. E. Lefranc.

vre en totalité son exemple et ses préceptes, personne ne serait assez insensé pour leur en demander davantage. Elles feraient à autrui tout ce qu'elles voudraient qu'on leur fît, et ne convoiteraient pas injustement après avoir peut-être vendus les biens de ceux qu'elles appellent leurs frères.

Que l'œuvre de la propagation de la foi qui envoie des missionnaires pour convertir les idolâtres, même au péril de leur vie, s'empresse d'en envoyer sans dangers parmi les français atteints d'une idolâtrie bien plus destructive. Que ces hommes réunis avec le clergé et les chrétiens fidèles annoncent la parole de Dieu dans les ateliers, dans les armées ; qu'ils présentent le véritable Jésus-Christ en opposition avec le faux christ inventé par les propagateurs du socialisme.

S'ils sont accueillis avec indifférence par les ouvriers et les soldats, ils doivent égaler, même surpasser l'athéisme dans la persévérance. Un véritable français n'a jamais insulté un homme sans défense, sachant surtout que dans son aveuglement humain, il lui est impossible de l'accuser d'hypocrisie. (1)

A l'imitation des légions chrétiennes, si remarquables par leur bravoure et leur obéissance, et de l'Empereur Napoléon, un grand nombre de militaires, d'ouvriers, de paysans sachant qu'on ne peut les accuser d'hypocrisie, montreraient qu'ils n'éprouvent absolument que la crainte de Dieu, crainte qui a toujours offert le meilleur moyen de ne pas mériter et craindre les punitions militaires et civiles.

Rendre la France chrétienne paraît sans doute difficile, mais il est impossible de laisser périr la société *audacieusement attaquée* et menacée par la tourmente révolutionnaire sans se tourner vers Jé-

(1) Tous les hommes même réunis ne peuvent pas prouver à un seul qu'il est un hypocrite Le mot hypocrisie doit donc être supprimé de la langue humaine pour n'être-plus en usage que pour Dieu qui seul peut lire dans les cœurs.

sus-Christ et lui dire comme les apôtres : « Seigneur, sauvez-nous , nous périssons. »

La croix qui a écrasé la tête du serpent de l'a-théisme, il y a dix-huit siècles , l'écrasera de nos jours. LA FRANCE CHRÉTIENNE NE PÉRIRA PAS.....

CONSTITUTION SOCIALISTE.

Le journal l'Assemblée Nationale (1) avait demandé aux chefs du socialisme de lui faire connaître leur constitution. Sur leur refus, ce journal dans son numéro du 21 mars 1850, leur a présenté une constitution extraite de leurs ouvrages. Cette constitution socialiste, sanctionnée par le silence *forcé* des membres du synode, qui n'ont pu la contredire en rien, serait donc réalisée par leur arrivée au pouvoir.

Dans la lutte engagée entre la société et le socialisme insocial, nous croyons utile de la présenter aux lecteurs avec une réponse article par article pour la facilité des défenseurs de la société aussi audacieusement attaquée.

ART. 1er. Tous les droits acquis sont abolis ; tous les français sont égaux ; ils doivent jouir sans distinction de sexe, d'âge, de force, ni d'intelligence de tous les biens de la terre et de toutes les richesses de l'industrie.

R. Tous les droits acquis étant abolis, les droits de MM. Proudhon etc., se trouvant évidemment au nombre des droits acquis par des travaux antérieurs en faveur du socialisme, sont nécessairement abolis comme les autres. Tous les français doivent donc être réellement égaux, et jouir sans distinction de sexe, d'âge, de force, ni d'intelligence de la pre-

(1) Cette constitution n'ayant paru qu'après l'impression du *Christianisme Révolutionnaire Démasqué*, nous la plaçons á la suite.

mière de toutes les égalités, celle d'administrer à
leur volonté les biens de la terre et les richesses de
l'industrie sans distinction d'intelligence entre un
idiot et son égal M. Proudhon

Art. 2. Les dettes publiques et privées sont annu-
lées ; la propriété particulière et le capital individuel sont abolis ; le mariage est supprimé ; la paternité n'est pas reconnue.

R. Pour le débiteur de mauvaise foi, être dé-
pouillé de tout par le synode ou son créancier,
quelle différence y a-t-il, puisqu'il ne lui resterait
rien après la dette annulée ? Mais quelle injustice
atroce contre le créancier dont le synode prend la
place, en s'emparant de la garantie de la dette et
l'annulant au lieu de la payer ! En quoi consiste la
propriété particulière et le capital individuel ? dans
le droit de disposer. Celui qui ne peut disposer de
rien, n'est propriétaire de rien. Celui qui peut au
contraire disposer de tout est propriétaire de tout.
Dans le socialisme proposé à des dupes par des
charlatants, qui peut disposer de tout ? Les membres du synode et leurs délégués. Eux seuls sont
donc de la manière la plus réelle propriétaires de
tout de la seule manière qu'existe la propriété.

Par le même principe, tous les autres membres
de la communauté ne pouvant disposer de rien, ne
possèdent rien, et ne peuvent jamais ni disposer,
ni posséder. Avis à tous les socialistes trompés qui
voudraient pouvoir disposer de la plus petite chose,
et par une conséquence nécessaire la posséder.

La propriété particulière et le capital individuel,
au lieu d'être réellement abolis par le socialisme,
seraient au contraire concentrés entre les mains de
quelques individus pouvant seuls posséder tous les
biens de la terre et toutes les richesses de l'industrie,
c'est-à-dire en disposer.

Le mariage supprimé, toutes les femmes seraient
communes ou publiques, livrées également aux
français, aux anglais, aux allemands, aux russes etc.

En ne reconnaissant pas la paternité, mais la communauté des enfants, un enfant issu d'un étranger et d'une femme française serait membre de la communauté française, tandis que les autres nations conserveraient soigneusement le mariage, leurs femmes et la paternité Quel immense progrès socialiste que celui de métamorphoser toute la France en une vaste maison de débauche et de prostitution !

Art. 3. Il y a communauté de biens et d'existence entre tous les français ; les enfants appartiennent à la communauté ; elle seule à le droit de les diriger dans la vie.

R. Il ne peut y avoir réellement communauté de biens, s'il n'y a communauté de pouvoir. Le pouvoir est au nombre des biens, et peut-être celui qui excite le plus la convoitise des hommes. Que les membres du synode expliquent de quelle manière ils donneront la communauté de pouvoir, puisqu'ils promettent la communauté de biens. Tous étant également membres de la communauté pour les enfants des femmes publiques, auront-ils tous le droit de les diriger dans la vie ? A qui obéiront de préférence ces enfants, ou mieux pour quel motif obéiraient-ils puisque la distinction d'âge ne peut subsister avec la communauté de pouvoir sans aucune distinction ?

Art. 4. Toutes les religions sont abolies ; le socialisme est érigé en sacerdoce.

R. Si toutes les religions sont abolies, le socialisme qui en serait une, doit l'être également. Par combien de décrets depuis 18 siècles le christianisme a-t-il été aboli sous peine de mort, même sous les yeux d'un grand nombre de nos lecteurs ? Tous les décrets socialistes n'aboliront aucune religion.

Art. 5. MM. Proudhon, Louis Blanc, P. Leroux, Cabet et Considérant sont les grands prêtres du socialisme ; ils forment entre eux un synode et choisissent des délégués. M. Proudhon est le chef suprême du synode socialiste.

R. En vertu de la suppression de *tous* les droits acquis et par l'établissement de la communauté de pouvoir, chaque membre de la communauté est, comme M. Proudhon, chef suprême du synode socialiste. Chaque socialiste cherchera où il pourra les subordonnés à sa suprématie, suivant le mot de Bossuet : si le Peuple est Roi, qui sera le Peuple de ce Roi ?

Art. 6. La propriété particulière et le capital n'existent plus, les richesses de la France appartiennent à la communauté ; les richesses sont administrées par le synode.

R. Il est bien certain qu'en ruinant la propriété et annullant la valeur du capital, ces deux objets n'existeront plus en réalité ; mais de quel droit le synode veut-il administrer seul les richesses appartenant à la communauté de tous ?

Art. 7. Sous les peines les plus sévères et dans le plus bref délai, toutes les classes des citoyens dont les désignations suivent, apporteront au synode ou à ses délégués :

Les propriétaires, leurs titres de propriété ;

Les cultivateurs, l'état de leurs bestiaux et instruments aratoires ;

Les commerçants, l'état de leurs marchandises en magasins ;

Les ouvriers, l'état des outils leur appartenant ;

Tous, l'inventaire de leurs mobiliers, hardes, linges et bijoux. Ces états et inventaires reconnus, le synode, par lui ou ses délégués, aura seul l'administration de tous les biens meubles et immeubles qu'ils représenteront ; il les emploiera et répartira aux mains et de telle manière qu'il l'entendra.

R. En vertu de l'égalité, de la communauté de pouvoir socialiste, le synode ne peut s'emparer seul de l'administration équivalente à la possession de tous les objets sans exception. Les sauvages eux-mêmes ont la possession d'un canot, d'un arc, d'une femme et du produit de leur chasse. Les es-

claves ont un certain nombre d'heures pendant lesquelles ils peuvent travailler avec des outils leur
appartenant. Ce serait pis que les sauvages et les
esclaves.

ART. 8. Les valeurs monétaires sont abolies ; les
détenteurs de ces valeurs sont tenus d'en faire le
versement immédiat dans les caisses du synode ou
dans celles de leurs délégués. Dans le délai d'un
mois, à partir de ce jour, toute personne qui aurait
en sa possession des valeurs monétaires sera passi-
ble des peines les plus rigoureuses.

R. Il est complètement ridicule de forcer les
membres de la communauté à prendre la peine de
transporter des objets aussi dénués de toute valeur
que le seraient les valeurs monétaires une fois abolies. Il est bien plus logique de les laisser entre les
mains où elles se trouvent sans s'en occuper. D'ailleurs, dans une communauté, il ne peut y avoir
de caisses du synode, mais bien des caisses de la
communauté, dans lesquelles tous les socialistes
verseraient peut-être, mais puiseraient positive-
ment. Avec ce système, équitable en communauté,
combien de fois se trouveraient-elles vides ?

ART. 9. Le synode ne doit compte de ses actes
qu'à lui-même. Tous les membres de la communauté lui doivent l'obéissance la plus absolue.

R. Administrer sans rendre compte de ses actes à
personne, ni à Dieu, quel est le propriétaire qui
possède un pouvoir pareil ? A la vérité, personne
ne lui doit l'obéissance la plus absolue. Quels sont,
au reste, les titres de propriété du synode propriétaire universel sous le faux nom de communauté ?

ART. 10. Tous les Français ont droit au travail ;
en conséquence, le synode ordonne à tous les citoyens de travailler.

R. Le droit au travail ayant été expliqué antérieurement, l'auteur se borne à demander pour quel
motif le synode ordonne un droit que l'on voudrait
exercer.

Art. 11. Tous les Français étant égaux, le travail est organisé de telle sorte, que dans l'atelier agricole de même que dans l'atelier industriel, aucun des membres de ces ateliers n'est tenu d'obéir à un chef. La part du produit de l'homme supérieur est la même que celle qui sera accordée à l'homme moins capable, et les paresseux ont des droits égaux à ceux de l'homme actif.

Chacun, suivant sa fantaisie, peut changer la nature de son travail, nul n'ayant à ce sujet d'autres règles à suivre que ses convenances.

R. Il est logique que personne n'obéisse avec la communauté de pouvoir. Mais si dans un atelier de cent ouvriers, tous veulent faire la dernière pièce d'une montre, il y aura cent dernières pièces et aucune des autres. Si personne n'est forcé par l'obéissance de faire les travaux pénibles et indispensables et ne veut les faire, par qui seront-ils faits? Si l'homme supérieur n'a pas une récompense supérieure, il ne prendra pas la peine de produire plus que l'homme moins capable, et tous les hommes actifs seront par une métamorphose facile changés en paresseux. Alors il sera logique, que tous agissant comme des hommes peu capables et paresseux, tous reçoivent la même part, qui ira toujours en diminuant jusqu'à zéro, par suite d'une incapacité et d'une paresse excessives.

Si chacun change de nature de travail suivant sa fantaisie, tous changeront de travail jusqu'à ce qu'ils en trouvent un qui leur fournisse plus de plaisir que de peine, tel que la chasse, la culture des fleurs, etc. Que deviendra l'espèce humaine?

Art. 12. Chacun des membres de la communauté étant absolument libre, ceux d'entre eux qui ne voudront pas travailler seront nourris par elle et jouiront ainsi que les membres actifs, de tous les biens dont ladite communauté pourra disposer suivant les prescriptions du synode.

R. Nourris en travaillant, nourris sans travailler,

tel est le choix offert aux socialistes, mais la nature, qui ne permet pas qu'un morceau de pain existe sans une infinité de travaux de tête et manuels, rendra toujours ce système impraticable.

Les socialistes, par des promesses mensongères, veulent s'emparer des corps, des âmes et des biens de toutes les dupes.

Des corps : en prostituant à leurs passions toutes les femmes, et en rétablissant un esclavage réactionnaire avec l'obéissance la plus absolue

Des âmes : en abolissant toutes les religions, et établissant par la guillotine ou le glaive un nouvel alcoran, sur lequel le silence serait imposé.

Des biens : en s'attribuant la direction sans contrôle, ou la possession de tout, et forçant les hommes à recevoir le réactionnaire traité du maître et de l'esclave qui consistait à recevoir la nourriture, le vêtement et le logement sans rien posséder.

Une ressource restait à l'esclave, l'espérance de se racheter un jour. Le socialiste ne peut rien posséder : dès lors, semblable au chien et au cheval, son esclavage est éternel, puisqu'il ne peut pas même disposer de son âme.

Que la vue d'une constitution aussi satanique éclaire enfin et fasse réunir comme un seul homme tous ceux qui ne veulent pas livrer au socialisme barbare leurs corps, celui de leurs femmes, de leurs filles, leurs âmes et tous leurs biens SANS EXCEPTION.

9 782012 996434